AF296400

CATALOGUE

D'une belle Collection de Tableaux, Dessins et Estampes modernes, des Écoles française, anglaise et hollandaise,

PROVENANT DU CABINET DE M. A***.

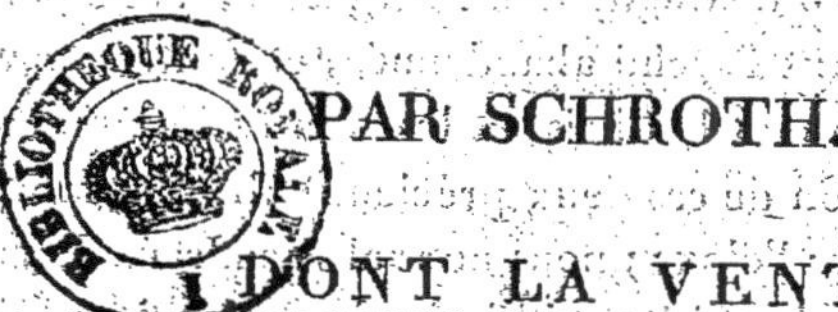

PAR SCHROTH.

DONT LA VENTE

Se fera rue et pavillon de l'Échiquier, n°. 34, le Lundi 20 Avril et Jours suivans, à six heures et demie du soir.

L'EXPOSITION GÉNÉRALE

Aura lieu dans ledit Local, le Dimanche 19 et le Lundi 20 Avril, de midi à quatre heures.

LE PRÉSENT CATALOGUE SE TROUVE A PARIS,

Chez MM. { SCHROTH, Marchand de Tableaux et de Dessins modernes de S. A. R. Madame, Duchesse de Berri, rue de la Paix, n°. 18; PETIT, Commissaire-Priseur, rue de Gramont, n°. 23.

FÉVRIER 1826.

AVERTISSEMENT.

La Collection que nous présentons au public, est du nombre de celles qui sont remarquées avec un vif intérêt, non seulement par la beauté des objets qui la composent, mais encore par la rareté de plusieurs d'entre eux, qui attestent le bon goût de l'amateur qui les a choisis. Parmi eux l'on distingue deux Esquisses, l'une par David, représentant Psyché abandonnée, et l'autre, par Prudhon, représentant le Christ et les saintes Femmes : la simple inspection de ces deux précieux tableaux suffit seule pour en faire l'éloge ; nous nous abstiendrons donc d'en faire ressortir le mérite, ainsi que de parler de celui de la Collection, persuadé que les amateurs en apprécieront toutes les beautés. Parmi les tableaux des jeunes artistes récemment enlevés aux arts, les amateurs en remarqueront sûrement deux de Géricault et de Truchot, le premier représentant un Trompette de Lanciers hollandais, et l'autre un Intérieur de l'Abbaye des Prés-Saint-Gervais; et ils retrouveront dans ces deux productions tout le mérite qui a valu à leurs auteurs une réputation si justement méritée.

La Collection des Dessins est du meilleur choix possible, et se compose d'Aquarelles, Lavis à la sépia et à l'encre de la Chine, des premiers artistes français et anglais, dont la plus grande partie peut être placée dans de grands et petits album, et quelques autres tenir une place distinguée dans des cabinets, à côté des peintures les plus vigoureuses.

Tous les Tableaux qui composent cette Collection sont en général très richement bordés.

CATALOGUE

DE TABLEAUX, DESSINS

ET GRAVURES.

TABLEAUX.

1   M. Charles ARROW-SCHMITH. Intérieur de Cave de maraicher; dans le fond
est une porte ouverte, à travers laquelle
l'on voit la campagne ; sur le devant une
paysanne assise, peinte par M. L. Cogniet.

2   PAR LE MÊME. Intérieur d'une Église à
Charonne.

3   PAR LE MÊME. Intérieur d'un Cellier; sur le
devant un chien attaché s'élance sur des rats.

Les Tableaux de cet artiste, peu connu
encore, fixeront sûrement l'attention des
amateurs, par la manière ferme avec laquelle ils sont exécutés, et surtout par la
beauté de leur couleur.

4   M. BAPTISTE. Le Blanchisseur.

5   PAR LE MÊME. Les Tailleurs de pierre.

6   PAR LE MÊME. Porteur d'eau.

7   PAR LE MÊME. Mendiant.

8   M. H. BELLANGÉ. Les Chasseurs et la Laitière.

9   M. BOUTON. Intérieur éclairé par une croisée, dans le fond et devant laquelle est un autel en ruines. Très jolie esquisse.

10   M. BONINGTON. Vue de Mantes ; sur le devant, la Seine chargée de bateaux et de mariniers.

11   PAR LE MÊME. Plage ; sur le devant un chariot flamand.

12   M. CONSTABLE. Vue d'un Canal en Angleterre ; sur le premier plan l'on voit des barques et des mariniers occupés à les ranger. Ce Tableau, peint d'une manière large et vraie, a été exposé au dernier salon et a fixé l'attention des artistes et des amateurs.

13   PAR LE MÊME. Vue d'Hampsteadt-Heath.

14   PAR LE MÊME. Autre Vue du même endroit ; dans le fond l'on voit la ville de Londres.

(5)

15   PAR LE MÊME. Marine avec plage et jetée
     à la suite.

16   PAR LE MÊME. Autre. Des matelots amar-
     rent leurs chaloupes.

17   PAR LE MÊME. Paysage ; effet de soleil
     couchant. Ce Tableau, ainsi que tous les
     précédens, sont d'une richesse et d'une
     harmonie de ton qui ne le cèdent en rien à
     ceux qui ont été exposés au dernier salon.

18   M. L. COGNIET. Femme de brigand
     napolitain ; elle est entourée de malles ou-
     vertes, et regarde avec plaisir des chiffons
     qui y étaient renfermés ; très joli tableau.

19   M. D'AGNAN. Études d'après nature.

20   DAVID. Psyché abandonnée. Sur un lit
     antique, Psyché, nue et à demi-couchée,
     est dans l'attitude du désespoir ; à ses pieds
     sont le poignard et la lampe dont elle s'était
     munie. Les amateurs remarqueront sûre-
     ment cette production de notre grand ar-
     tiste, récemment enlevé aux beaux-arts,
     dont il fut le régénérateur et le soutien. Ce
     Tableau, de petite dimension, est peint
     d'une manière large et ferme, et ne peut que
     tenir une place très distinguée dans un
     cabinet.

21   PAR LE MÊME. Vue de Suisse.

22   M. DEMARNE. L'auteur s'est plu à enri-
chir ce petit Tableau ; on y trouve des eaux
transparentes et pleines de mouvement, de
petites figures touchées avec esprit, un site
agréable orné d'un pont et de fabriques d'un
joli ton ; il était difficile d'y mettre plus de
variété et d'intérêt.

23   M. DELACROIX. Un Brigand ; il est
assis et appuyé contre un rocher, et tient
son fusil entre ses jambes.

24   M. PAUL DELAROCHE. Les Enfans
surpris par l'orage. Deux jeunes Filles, au
milieu d'un chemin et sans aucun abri, ont
été surprises par un orage. La foudre tombe
et inspire à la plus jeune une frayeur qui
lui fait chercher un refuge sous le tablier de
la plus grande, qui, les yeux remplis de
larmes, regarde le ciel d'un air suppliant.
Ce Tableau, d'une moyenne dimension et
d'une exécution soignée, ainsi que toutes
les productions de l'auteur, sera remarqué
par les amateurs, qui retrouveront toutes
les qualités qui ont distingué cet artiste à la
dernière exposition.

25   PAR LE MÊME. Jeanne d'Arc interrogée

par le cardinal de Winchester, qui, irrité
de ses réponses, la menace des peines éter-
nelles. Ce Tableau, qui est une répétition
de celui qui a été exposé au dernier salon,
ne lui est inférieur en rien ; il est d'une
couleur mâle et vigoureuse.

Le propriétaire, faisant exécuter une gravure d'après ce tableau, on annoncera en
le mettant sur table l'époque à laquelle il
sera livré à l'adjudicataire.

26　MM. P. DELAROCHE et Eug. LAMI.
Le cuirassier. Un cuirassier a enlevé un dra-
peau à l'ennemi ; il le tient d'une main et
de l'autre il défait les collières de son cas-
que.

27　GÉRICAULT. Trompette des lanciers
hollandais de la vieille garde.

28　PAR LE MÊME. Lions dans une caverne.

Les amateurs trouveront dans ces deux
Tableaux la mâle énergie et la fermeté qui
caractérisent les productions de cet artiste
trop tôt enlevé aux arts.

29　M. GASSIES. Vue d'un lac en Écosse.
Marine. Dans le fond, à droite, l'on
aperçoit la côte, et sur le devant l'on voit

une chaloupe dans laquelle sont des matelots qui hissent des voiles.

30   PAR LE MÊME. Plage. Effet de brouillard; sur le devant est une chaloupe abandonnée par la marée.

31   PAR LE MÊME. Vue du lac Lhomond. Sur le devant, un dessinateur parle à des Écossais étendus sur des rochers.

32   PAR LE MÊME. Deux petites vues d'Écosse.

33   PAR LE MÊME. Le champ de blé.

34   M. E. LAMY. Halte de troupes en Égypte. Sur le premier plan, des soldats exténués de fatigue sont étendus par terre; plus loin, des généraux à cheval sont arrêtés et font signe à des détachemens éloignés de faire halte; en avant d'eux, le général en chef parle aux soldats. Tableau d'un ton chaud et harmonieux.

35   M. X. LEPRINCE. Les petits Savoyards.

36   PAR LE MÊME. Le Modèle. Il parle à un jeune enfant qui a un portefeuille sous son bras.

37   M. Léopold LEPRINCE. Chasseur se reposant sous des rochers. Tableau de la Société des Amis des Arts; 1822.

38   M. LINTON. Marine. Fin d'une tempête ; sur le devant, l'on voit une chaloupe brisée sur la plage, et partie d'un vêtement accroché sur un rocher.

39   MICHALON. Le brigand Mazzochi. Il est debout et appuyé sur son fusil ; dans le fond, l'on aperçoit au détour d'une route, près d'un rocher, un autre brigand en embuscade.

40   M. MAUZAISE. Napoléon à l'île St.-Hélène.

41   M. MONTHELIER. Intérieur de l'abbaye de Montmartre.

42   PRUDHON. Esquisse terminée du Christ. Ce petit Tableau, qui est encadré avec un très grand soin, se distingue par la suavité et la grâce du pinceau, qualités qui ont à si juste titre placé l'artiste au premier rang des peintres gracieux, et, malgré que le sujet en soit grave, il a su lui conserver avec un pinceau aimable, la sévérité qui y convenait. Ce Tableau, par sa dimension et sa beauté, est du petit nombre de ceux auxquels les amateurs ne peuvent manquer de faire un accueil favorable.

43   M. RENOUX. Intérieur.

44   PAR LE MÊME. Intérieur de l'abbaye de
Bonneval.

45   PAR LE MÊME. Vue prise à St.-Ouen.

46   M. REIGNIER. Étude de paysage.

47   PAR LE MÊME. Très jolie Étude d'après
nature, à Montmartre.

48   PAR LE MÊME. Étude de rochers. Sur le
devant, un chasseur assis à terre amorce
son fusil.

49   M. REYNOLDS. Grand Paysage. Sur le
devant une marre près de laquelle est une
vache ; le fond garni de beaux arbres et de
fabriques d'une très belle couleur, est d'une
très grande richesse de ton.

5o   PAR LE MÊME. Vue de l'église de Ba-
gnolet.

5i   M. ROBERT. Une Religieuse. Etude
d'après nature.

52   M. J.-B. SEBRON. Intérieur d'une
église.

53   M. STEPHANOFF. La Réconciliation.
Une gravure d'après ce tableau étant
commencée, on annoncera, en le mettant

sur table, l'époque à laquelle il sera livré à l'adjudicataire.

54 TRUCHOT. Ruines de l'ancienne abbaye de Belleville. Tableau d'une grande richesse de détails, et très argentin de ton.

Ce Tableau, l'un des plus jolis qu'ait produits l'artiste, ne peut manquer de fixer l'attention des amateurs.

55 M. VAN ASSCHE. Intérieur de forêt. Effet de soleil couchant.

DESSINS.

56 M. ALAUX. Intérieur du palais de la reine Jeanne; dessin à la sépia.

57 M. ADAM. Soldats en embuscade; dessin à la sépia; encadré.

58 M. C. BOURGEOIS. Vue du temple de l'Amour à Trianon.

59 PAR LE MÊME. Escalier du couvent de San-Cosimato.

60   PAR LE MÊME. Vue du moulin de Méré-
ville, prise du côté du parc; dessin à la sépia; encadré.

61   M. BRUNE. Paysage composé et vue
prise près de la barrière de l'Étoile; deux
dessins à l'aquarelle.

62   M. BOUTON. Deux jolis petits dessins
d'intérieur, à la sépia.

63   PAR LE MÊME. Porte gothique à travers
laquelle l'on voit la continuation d'un bâ-
timent.

64   M. BONNINGTON. Deux jolies vignet-
tes à l'aquarelle.

65   PAR LE MÊME. Vue d'un des forts de Bou-
logne; dessin à l'aquarelle.

66   M. BENTLEY. Paysage coupé par une
rivière; dessin à l'aquarelle; encadré.

67   M. CARON. Paysage et fabriques éclai-
rés par le soleil, aquarelle.

68   M. CHARLET. Grenadier à pied de l'ancienne garde; dessin à l'acquarelle encadré.

69   PAR LE MÊME. Guérillas sur une monta-
gne; dessin aquarelle; encadré.

70   PAR LE MÊME. Le donneur d'eau bénite;
dessin aquarelle; encadré.

71   PAR LE MÊME. Le joueur au tripot; dessin a quarelle; encadré.

72   PAR LE MÊME. La marchande d'œufs ; dessin à la sépia.

73   PAR LE MÊME. L'école d'arithmétique ; dessin à la sépia.

74   PAR LE MÊME. Les habitués de café autour du poële ; dessin à la sépia.

75   M. CHAUVIN. Vue de S.-Jean et S.-Paul, à Rome ; dessin à la pierre d'Italie, sur papier teinté rehaussé de blanc.

76   M. CONEY. Intérieur de la cathédrale de Winchester ; très beau et grand dessin à l'aquarelle ; encadré et recouvert d'une glace.

77   M. CONSTABLE. Marine.

78   M. COX. Une marine hollandaise.

79   PAR LE MÊME. Une marine. Vue du port d'Hastings.

80   PAR LE MÊME. Une marine. Vue de la Tamise.

81   PAR LE MÊME. Une marine. Vue de la Tamise.

82   M. DAGUERRE. Paysage.

83   J. J. DE BOISSIEU. Paysage ; dessin lavé à l'encre de Chine.

(14)

84   PAR LE MÊME. Marche d'animaux. Copie
      lavée à l'encre de Chine, d'après Berghem.

85   PAR LE MÊME. Intérieur de cave; étude
      d'après nature.

86   PAR LE MÊME. Les petits maçons; gravure
      à l'eau-forte, coloriée à l'aquarelle par
      l'auteur.

87   M. DELACROIX. Mort de Lara.

88   M. DEROIX. Deux dessins aquarelles,
      représentant l'an une vue de l'église de St.-
      Ouen, prise de la côte Ste.-Catherine, à
      Rouen, et l'autre une porte de la ville de
      Provins.

89   M. DELÉPINE. Moulin à eau, près
      d'une route; dessin à l'aquarelle.

90   M. A. DESMOULINS. Jeune Fille tra-
      çant des caractères sur l'écorce d'un arbre.

91   Jeune Homme posant une couronne de
      fleurs sur une tombe. Ces deux Dessins, à
      la sépia, sont encadrés.

92   DUPRESSOIR. Étude d'après nature,
      faite près de Saint-Denis.

93   DURAND. Groupe de fruits; dessins à
      l'aquarelle.

94   M. B. D'ORSHWILER. Vue d'une
      Vallée en Alsace; dessin à la sépia.

95 M. A. ENFANTIN. Paysage avec église et montagnes dans le fond ; sur le devant, un homme à genoux prie devant une pierre tumulaire.

96 PAR LE MÊME. Autre Paysage. Vue de Suisse.

97 PAR LE MÊME. Intérieur de Forêt avec marre et pêcheurs sur le devant.

98 PAR LE MÊME. Paysage, entrée d'un bois.

99 M. FRAGONARD. Trois Turcs assis près d'un feu, caché en partie par une roche ; très beau dessin lavé à la sépia et rehaussé de blanc.

100 PAR LE MÊME. Jeune Fille travaillant.

101 PAR LE MÊME. Autre.

102 PAR LE MÊME. L'Attention.

103 PAR LE MÊME. L'Admiration.

Ces quatre Dessins sont à l'estompe et encadrés.

104 M. FRANCIA. Vue des ruines de l'église de Saint-Bertin à Saint-Omer.

105 PAR LE MÊME. Intérieur de la même église.

106 PAR LE MÊME. Vue de l'église des jésuites à Saint Omer.

107   M. C. FIELDING. Vue du château
d'Harlech ; dessin à l'aquarelle, encadré,
riche de sites et d'une très belle couleur.

108   PAR LE MÊME. Marine. Effet de soleil
couchant ; dessin à l'aquarelle, encadré.

109   PAR LE MÊME. Vue de marais, terminée à
l'horizon par des montagnes éclairées par le
soleil couchant.

110   PAR LE MÊME. Restes du temple de Ju-
piter Olympien à Syracuse ; dessin à l'aquarelle.

111   PAR LE MÊME. Vue d'un château dans le
comté d'Herefordshire ; dessin à l'aquarelle.

112   M. FRÉDÉRIC FIELDING. Vue de la
forteresse de Scaccia et des eaux thermales ;
dessin à l'aquarelle.

113   PAR LE MÊME. Vue de côtes et plages.

114   M. NEWTON FIELDING. Marine ; sur la
plage un pêcheur de crevettes.

115   PAR LE MÊME. Paysage avec moulin à vent
et bestiaux près d'une marre.

116   PAR LE MÊME. Autre, avec cerf et biche.

117   M. le baron GERARD. Silène lié par des
bergers ; sujet fait pour le Virgile imprimé
par M. F. Didot.

118   GÉRICAULT. Chevaux de brasseur, rentrant à l'écurie. Dessin à la sépia.

119   PAR LE MÊME. Autres dételés d'un tombereau ; dessin à la sépia.

120   PAR LE MÊME. Autres à l'écurie ; dessin à l'aquarelle.

121   PAR LE MÊME. Le Fardier ; des chevaux attelés à un chariot le tirent avec effort à une montée ; dessin à l'aquarelle.

122   PAR LE MÊME. Persans à cheval en route ; dessin à l'aquarelle.
   Tous ces Dessins sont bien encadrés et recouverts de glace.

123   PAR LE MÊME. Nègre à cheval, dessin à l'aquarelle sur papier teinté.

124   PAR LE MÊME. Grenadier à cheval ; petit dessin à l'aquarelle, très soigné.

125   L. GUDIN. Le Naufragé.

126   PAR LE MÊME. Le Bandit.

127   M. T. GUDIN. Marine ; dessin lavé à la sépia.

128   M. GUYOT. Vue de l'Ile Barbe, près Lyon ; dessin à l'aquarelle.

129   M. GOBLAIN. Vues de la cathédrale de Pont-à-Mousson et d'une partie de la ville d'Amiens ; deux dessins à la sépia.

130   PAR LE MÊME. Yues de l'église de Dammartin, de la barrière des Martyrs, et des restes du château de Katzenthal; trois dessins à la sépia.

131   M. GRANET. Intérieur de la maison de la Fornarina ; dessin à l'aquarelle.

132   PAR LE MÊME. Intérieur de cloître; dessin à la sépia.

133   AUGUSTE GARNEREY. Stratonice et Antiochus; dessin à la sépia.

134   M. GIONTOTARDI. Intérieur d'un palais; Figures par M. Horace Vernet; dessin à l'aquarelle.

135   M. E. ISABEY. Marine couverte de bâteaux pêcheurs ; dessin à l'aquarelle.

136   M. JOLY. Intérieur de forêt traversé par un ruisseau; dessin à la sepia.

137   PAR LE MÊME. Cascade; dessin à la sépia.

138   PAR LE MÊME. Vue prise dans les Champs-Élysées; dessin à la sépia.

139   PAR LE MÊME. Paysage composé; dessin à l'aquarelle.

140   M. JUILLERAT. Verrerie suisse; dessin à l'aquarelle.

141   LANGENDYCK. Embarcation de chevaux; dessin à l'encre de la Chine.

142 M. LECAMUS. Torrent; dessin à l'a-
quarelle.

143 M. Hippolyte LECOMTE. Valentine
de Milan; dessin à l'aquarelle.

144 PAR LE MÊME. Paysage d'après Winantz;
dessin à l'encre de la Chine.

145 M. X. LEPRINCE. Paysage coupé par
une rivière; sur le devant des pêcheurs en
bâteau retirent leurs filets.

146 PAR LE MÊME. Marche d'animaux; effet de
soleil couchant.

147 PAR LE MÊME. Paysans devant leur chau-
mière, parlant à un voyageur à cheval.

148 PAR LE MÊME. Paysages, etc.

149 M. Sébastien LEROY. Vue d'un parc;
copie d'après Wouwermans.

150 M. MARTINET. Vue du bois de Bou-
logne à Auteuil; dessin à l'aquarelle, avec
une grande quantité de figures.

151 PAR LE MÊME. Cavalier faisant la charité.

152 PAR LE MÊME. Vue de l'ancien manoir de
Château-Thierri.

153 NICOLLE. Tribune de l'église de SS.
Jean et Paul, à Rome.

154 PAR LE MÊME. Oratorio à Rome.

155 M. OWEN. Quatre Marines; dessins à la sépia.

156 PAR LE MÊME. Cinq autres; dessins à l'aquarelle.

157 PARIS. Intérieur de palais; dessin légèrement lavé à l'aquarelle.

158 M. PIGAL. Les Commères; dessin à l'aquarelle.

159 M. PROUT. Deux Marines: dessin à l'aquarelle.

160 PAR LE MÊME. Marine vue à travers des rochers; dessin à l'acquarelle.

161 PAR LE MÊME. Vne d'Utrécht; grande et belle aquarelle encadrée et recouverte d'une glace.

162 M. RENOUX. Vue d'une église; dessin à la sépia.

163 M. ROWLANDSON. Combat de chiens; caricature anglaise.

164 M. RUMEAU. Intérieur précieusement exécuté à l'aquarelle, avec la scène de Vert-Vert et la religieuse.

165 M. SERANGELY. Bérénice et Titus; dessin exécuté pour les OEuvres de Racine, imprimées par M. F. Didot.

166   M. STORELLI. Cascade à travers des rochers et des arbres renversés; dessin à l'aquarelle.

167   M. STEPHANOFF. Le Manteau jeté devant la reine Élisabeth; sujet tiré de Kenilworth.

168   PAR LE MÊME. Le Concert.

169   PAR LE MÊME. Le Couronnement du roi Georges IV.

170   PAR LE MÊME. Foire anglaise.

171   PAR LE MÊME. Marie Stuart.

    Tous ces Dessins sont à l'aquarelle et encadrés.

172   SWEBACH. Choc de cavalerie, d'après Wouwermans; dessin à l'encre de Chine.

173   M. THIENON. Vue des châteaux de Niort, Clisson et Cognac; trois dessins à la sépia.

174   PAR LE MÊME. Paysage coupé par une rivière dans laquelle sont des baigneuses.

175   PAR LE MÊME. Vue prise à la Villa-Borghèse.

176   M. THIBAUT. Vue de Tivoli; précieux dessin à l'aquarelle.

177   PAR LE MÊME. Paysage avec cascade sur arbres en travers; dessin à la sépia.

178   PAR LE MÊME. Vue de Morfontaine ; dessin à l'aquarelle.

179   M. le comte de TURPIN. Tombeau et Arc de triomphe antiques, à Saint-Remi.

180   PAR LE MÊME. Restes d'un monument antique ; dessin très capital et encadré.

181   M. TOPFER. Paysages et rochers ; sur le devant, une paysanne qui dort ; dessin à la sépia.

182   PAR LE MÊME. Autre paysage à l'aquarelle.

183   PAR LE MÊME. Autre paysage à l'aquarelle, avec une tour dans le fond.

184   M. TAYLER. Tournois ; sur le devant, deux chevaliers font la passe d'armes.

185   PAR LE MÊME. Quatre dessins, sujets de chasse.

186   PAR LE MÊME. Un fourgon.

187   PAR LE MÊME. Les sauteurs.

188   PAR LE MÊME. Le cheval entraîné.

189   PAR LE MÊME. Chasseur entouré de chiens.

190   PAR LE MÊME. Le bouchonnage.

191   PAR LE MÊME. La mort du renard.

192   PAR LE MÊME. La diligence anglaise.

193   PAR LE MÊME. L'écurie.

194   PAR LE MÊME. Les chevaux au vert.

195   PAR LE MÊME. Le tombereau.

196   PAR LE MÊME. La promenade.

197   PAR LE MÊME. La course.

198   PAR LE MÊME. Trois dessins, sujets grotesques.

199   M. THOMAS. Scène de carnaval à Rome; trois masques sortent de chez un traiteur en sautant.

200   PAR LE MÊME. Religieux italiens se saluant.

201   PAR LE MÊME. Pifferari devant la Madone.

202   M. WATELET. Paysage; effet de pluie; dessin à l'aquarelle très vigoureux.

203   M. C. VERNET. Bataille d'Aboukir; dessin en forme de frise à la plume, lavé à la sépia.

GRAVURES.

204   Un grand portefeuille contenant cinq gravures en feuilles, d'après Wilkie, épreuves sur papier de Chine et avant la lettre,

(24)

et les eaux-fortes de ces mêmes gravures qui
sont : Le Doigt coupé, le Payeur de rentes,
le Musicien de village, les Politiques de
village, le Colin-Maillard et la Lecture du
Testament.

Ces épreuves, d'une très grande beauté,
proviennent de la vente de M. Beckford,
de l'abbaye de Fonthil.

205   Les bords de la Tamise épreuves, avant
la lettre ; un vol. petit in-fol., relié en
maroquin et doré sur tranches.

206   Le Don Quichotte, épreuves avant la
lettre, sur papier de Chine.

207   Les côtes du sud de l'Angleterre, épreuves avant la lettre, extrêmement rares ; 14
livraisons, petit in-fol.

208   Le pélerinage de Cantorbéry, épreuves
avant la lettre.

209   Divers objets, Tableaux, Dessins et Gravures, omis d'être décrits au catalogue,
seront vendus sous ce numéro. —

FIN.

Imprimerie Ant^c. BOUCHER, rue des Bons-Enfans, n°. 34.